PEEK-A-BOO PENGUIN
EL PINGÜINO PICABÚ

Colors and Shapes
Colores y figuras

Ruth Owen

Consultant/Asesora: Jillian Har

QEB Publishing

D1511734

Peek-a-boo Penguin is
picking flowers in his garden.
He is picking red flowers.

El pingüino Picabú recoge
flores en su jardín.
Está recogiendo flores rojas.

Can you point to all the red flowers for Peek-a-boo?

¿Puedes señalarle a Picabú dónde están
todas las flores rojas?

3

**Lots of birds visit
Peek-a-boo's backyard.**

Muchos pájaros visitan el
jardín de Picabú.

Point to all the blue birds in Peek-a-boo's backyard.

Señala todos los pájaros azules que están
en el jardín de Picabú.

4

Some colorful bugs live in Peek-a-boo's backyard.

Algunos insectos coloridos viven en el jardín de Picabú.

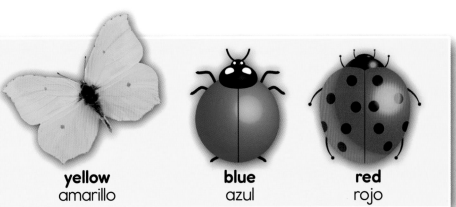

yellow
amarillo

blue
azul

red
rojo

Which ladybug isn't red? Can you say what color it is?

¿Cuál mariquita no es roja? ¿Puedes decir de qué color es?

Can you find two bugs in this row that look exactly the same?

¿Puedes encontrar en esta fila dos insectos que sean exactamente iguales?

5

**It is fall in
Peek-a-boo's backyard.**

Es otoño en el jardín
de Picabú.

**Match Peek-a-boo's
leaves to the same leaves
in the big picture.**

Busca en el dibujo las hojas
que se parezcan a las hojas
que tiene Picabú.

**What things can you point
to that are brown?**

¿Puedes señalar las cosas
que son marrones?

6

Look around your room. Can you spot something green or brown?

Mira alrededor de tu cuarto. ¿Puedes ver algo verde o marrón?

What green things can you spot?
¿Qué cosas verdes puedes ver?

7

Peek-a-boo is wearing his orange hat and his pink apron.

Picabú se puso su sombrero anaranjado y su delantal rosado.

Point to the orange tools.

Señala las herramientas anaranjadas.

Peek-a-boo's favorite friends are the gray squirrels. Let's count all the gray squirrels.

Los amigos preferidos de Picabú son las ardillas grises. ¡Vamos a contar todas las ardillas grises!

9

It is night time. Everything looks black.
Es de noche. Todo se ve negro.

Try to spot these things in Peek-a-boo's backyard.
Trata de encontrar estas cosas en el jardín de Picabú.

**Peek-a-boo has made
a white snowman.**

Picabú ha hecho
un muñeco de nieve blanco.

**Look at the white snowflakes.
Can you find pairs that match?**

Mira los copos de nieve blancos.
¿Cuáles copos de nieve son iguales?

11

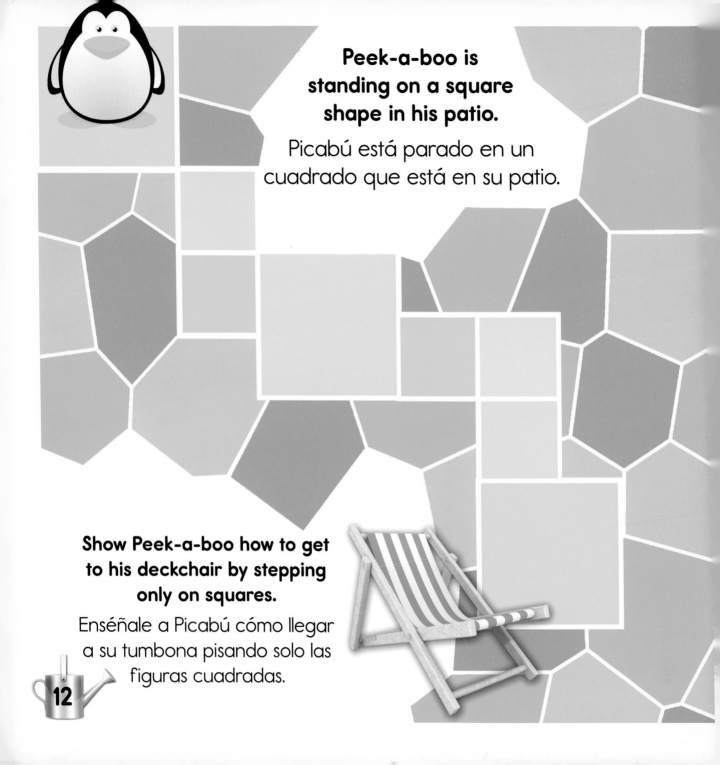

Peek-a-boo is standing on a square shape in his patio.

Picabú está parado en un cuadrado que está en su patio.

Show Peek-a-boo how to get to his deckchair by stepping only on squares.

Enséñale a Picabú cómo llegar a su tumbona pisando solo las figuras cuadradas.

Peek-a-boo wants to feed his fish.

Picabú quiere alimentar a su pez.

The fish live in a pond that is the shape of a rectangle.

El pez vive en un estanque con forma de rectángulo.

Which path takes Peek-a-boo to the correct pond?

¿Cuál camino llevará a Picabú el estanque correcto?

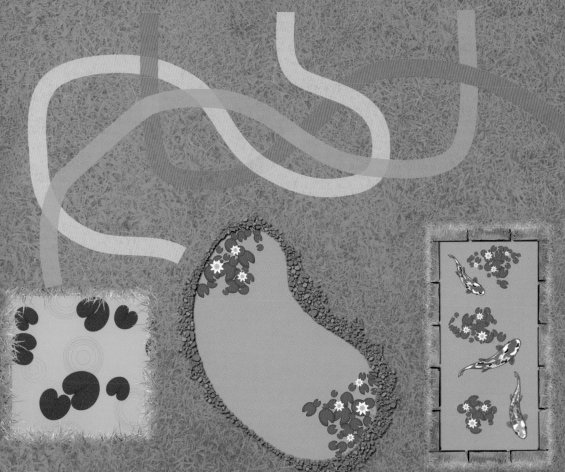

13

Peek-a-boo's hoops are circles.

Los aros de Picabú tienen
forma de círculo.

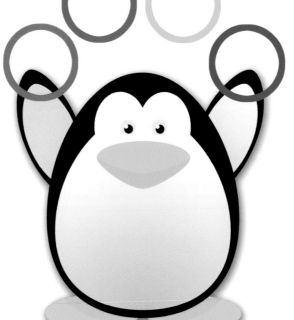

Are there other toys in the shape of a circle?

¿Hay otros juguetes con forma de círculo?

**Peek-a-boo is eating a sandwich
in the shape of a triangle.**
Picabú está comiendo un emparedado
con forma de triángulo.

Can you see some other triangles?
¿Qué otras cosas tienen forma de triángulo?

Peek-a-boo is building a shed!
He has lots of pieces of wood
in different shapes.

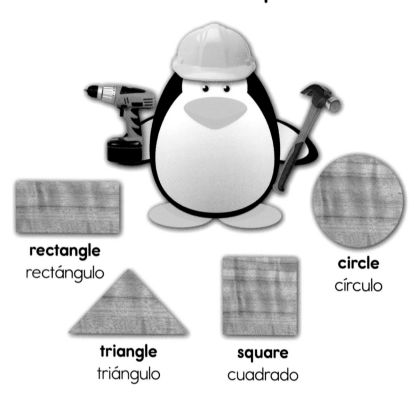

rectangle
rectángulo

triangle
triángulo

square
cuadrado

circle
círculo

Picabú está construyendo un cobertizo.
Tiene muchas piezas de madera
de diferentes formas.

Can you spot something square in your room?

¿Puedes ver algo cuadrado en tu cuarto?

Can you spot the squares, the circles, and the triangles?

¿Puedes ver los cuadrados, los círculos y los triángulos?

17

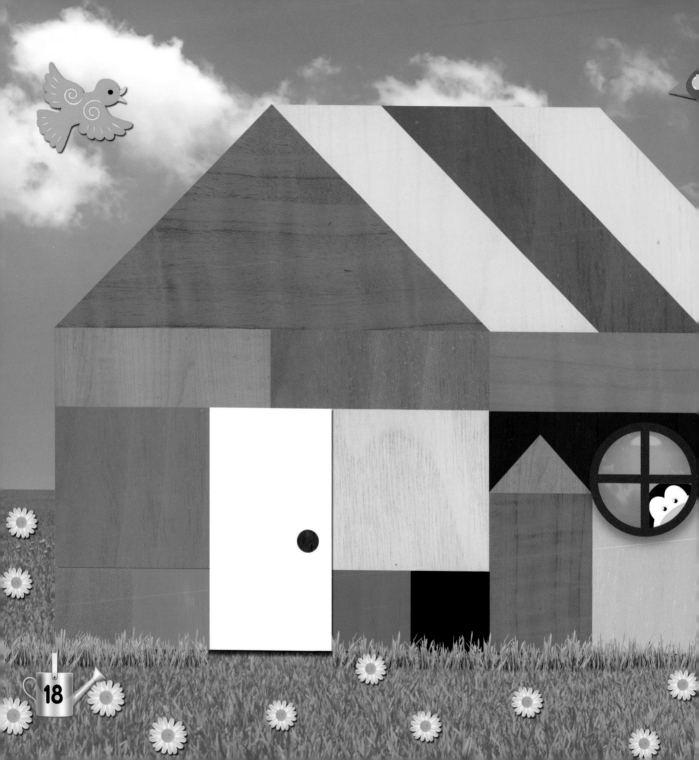

18

Peek-a-boo has painted his new shed.

Picabú ha pintado su nuevo cobertizo.

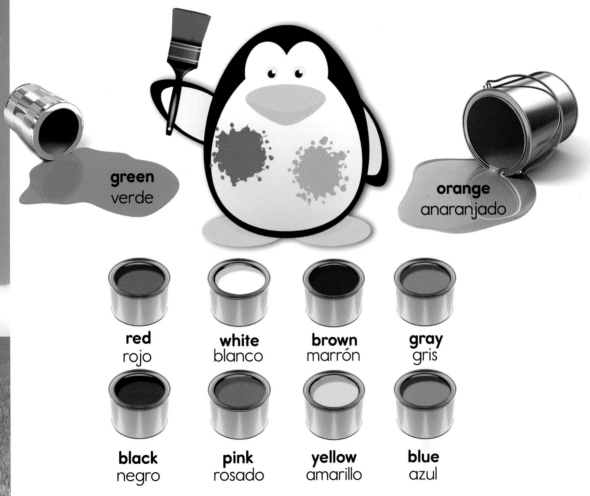

green
verde

orange
anaranjado

red
rojo

white
blanco

brown
marrón

gray
gris

black
negro

pink
rosado

yellow
amarillo

blue
azul

Point to a green rectangle.

Señala un rectángulo verde.

lettuces
lechugas

This is Peek-a-boo's
vegetable patch.
Este es el huerto
de Picabú.

potatoes
papas

What shape is the lettuce bed?
¿De qué forma es el bancal?

cabbages
repollo

**Can you find
a circle?**

¿Puedes
encontrar
un círculo?

20

carrots
zanahorias

Do you see some yellow vegetables?

¿Ves algunas verduras amarillas?

corn
maíz

pumpkins
calabazas

What color are the vegetables that are growing in a square?

¿De qué color son las verduras que crecen en el bancal cuadrado?

More fun with Peek-a-boo!
Now look back through your book. Let's help Peek-a-boo find some more colors and shapes.

¡A divertirnos con Picabú!
Ahora revisa tu libro y ayuda a Picabú a encontrar más colores y figuras.

Can you find Peek-a-boo some yellow flowers in your book?

¿Puedes encontrar en tu libro flores amarillas para Picabú?

Look for a green animal that lives in Peek-a-boo's backyard.

Busca un animal verde que vive en el jardín de Picabú.

Do you see something blue in your room?

¿Ves algo azul en tu cuarto?

22

Look out of the window. Can you see a rectangle?

Mira por la ventana. ¿Puedes ver un rectángulo?

Peek-a-boo is hungry. Find him something to eat in your book that is a circle.

Picabú tiene hambre. Busca en tu libro algo con forma de círculo que Picabú pueda comer.

Look through your book and spot as many squares as possible!

Revisa tu libro y señala todos los cuadrados que veas.

Look for a yellow square in Peek-a-boo's backyard.

Encuentra un cuadrado amarillo en el jardín de Picabú.

Can you find a pink triangle on his shed?

¿Ves un triángulo rosado en su cobertizo?

Notas para padres y maestros

Las actividades de este libro han sido diseñadas para que los niños aprendan sobre los colores y las formas. El objetivo es hacer del aprendizaje una experiencia divertida a través de un personaje que llame la atención de los más pequeños. Este libro ayudará a los niños a reconocer una variedad de colores y a diferenciar las figuras.

Léale el libro al niño. Permita que el niño se tome su tiempo para entender las actividades. Anímelo a describir las actividades que está realizando en el momento. Elógielo por cada intento que realice. Si el niño parece confundido, muéstrele usted mismo cómo se hace la primera parte de la actividad.

Recuerde que las actividades deben ser cortas y divertidas. Deténgase cuando el niño todavía muestra interés. Evite los días en que el niño esté cansado o distraído, e inténtelo en otro momento. Los niños aprenden mejor cuando están relajados y se están divirtiendo. Es mejor ayudarlos a entender nuevos conceptos poco a poco que enseñarles todo de una sola vez.

Utilice este libro como una referencia para las actividades que el niño pueda realizar en casa o al aire libre. Estas son algunas ideas:

• Juegue a "Picabú" después de cada actividad.

• Escoja un accesorio de un color determinado y pídale al niño que seleccione una prenda de vestir del mismo color.

• Invite al niño a que le ayude a separar la ropa para lavar según el color: oscuro y claro.

• Vayan de paseo y pídale al niño que busque objetos cuadrados o redondos.

• Recorte tarjetas de diferentes colores en diferentes formas y pídale al niño que organice las tarjetas según las formas que tengan o que consiga figuras de un color determinado.

Created by: Ruby Tuesday Books
Designer: Emma Randall

Copyright © QEB Publishing, Inc. 2011

Published in the United States by
QEB Publishing, Inc.
3 Wrigley, Suite A
Irvine, CA 92618

www.qed-publishing.co.uk

A CIP record for this book is available from the Library of Congress.

ISBN 978 1 60992 220 7

Printed in China